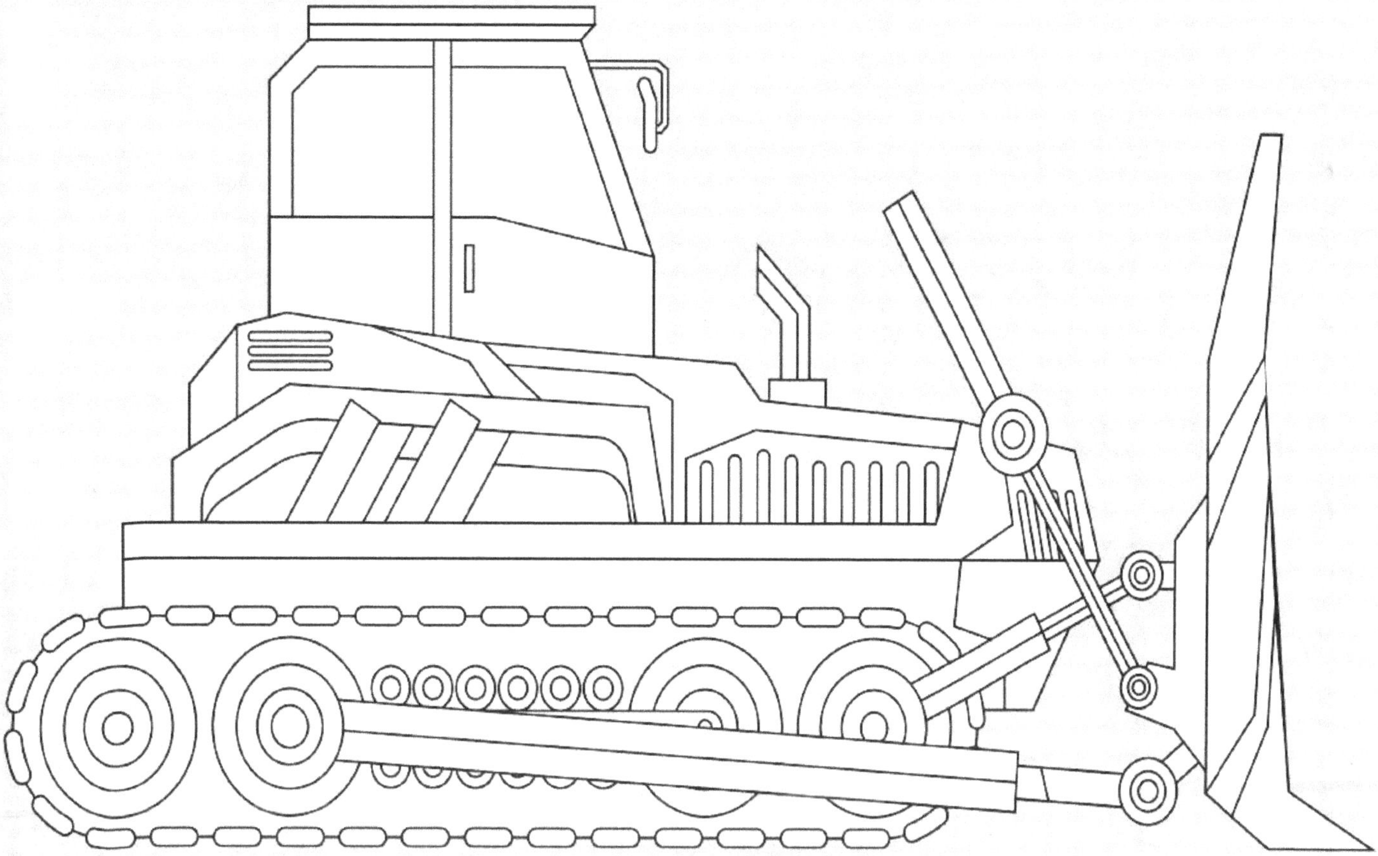

CE CAHIER DE COLORIAGE APPARTIENT À:

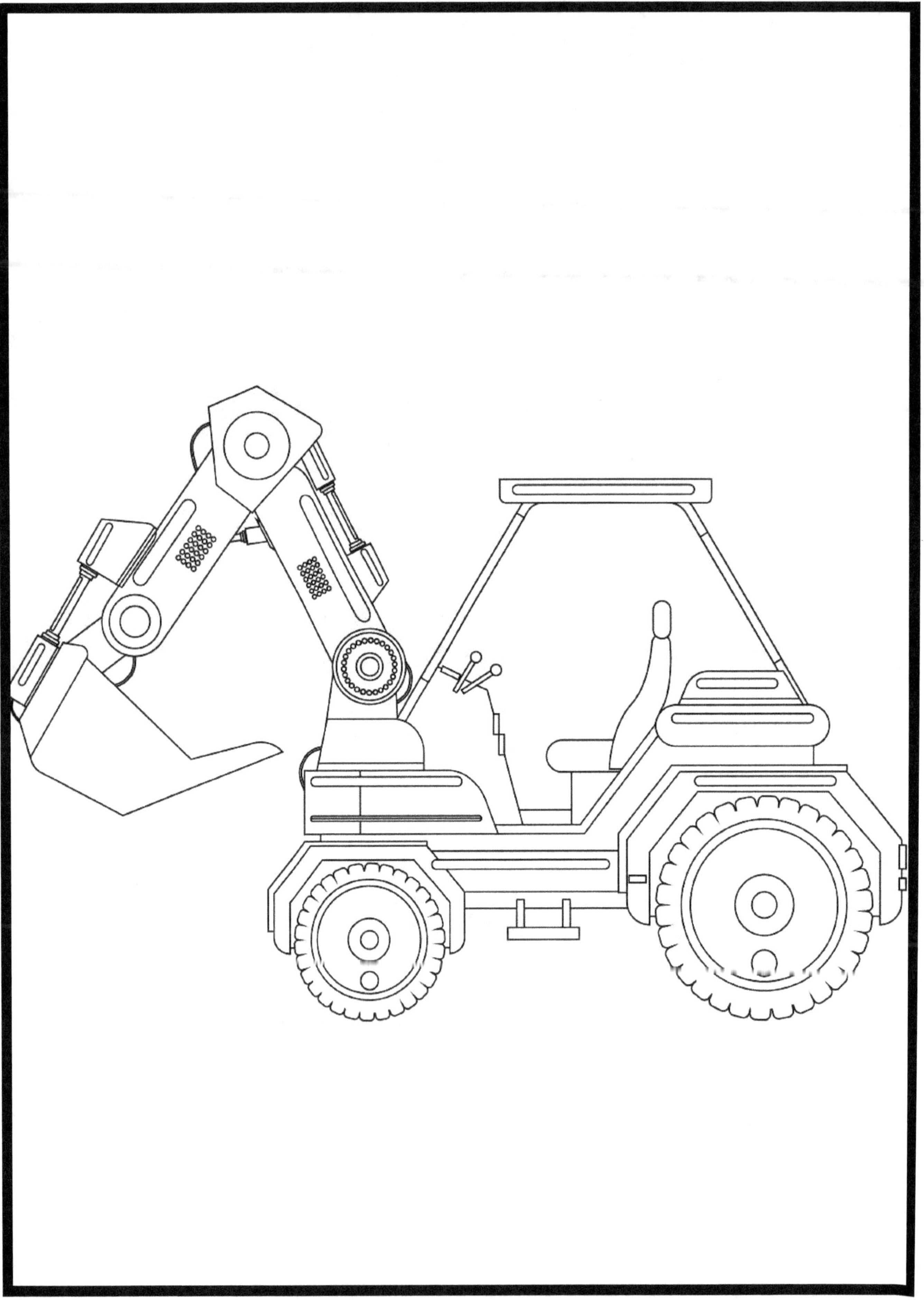

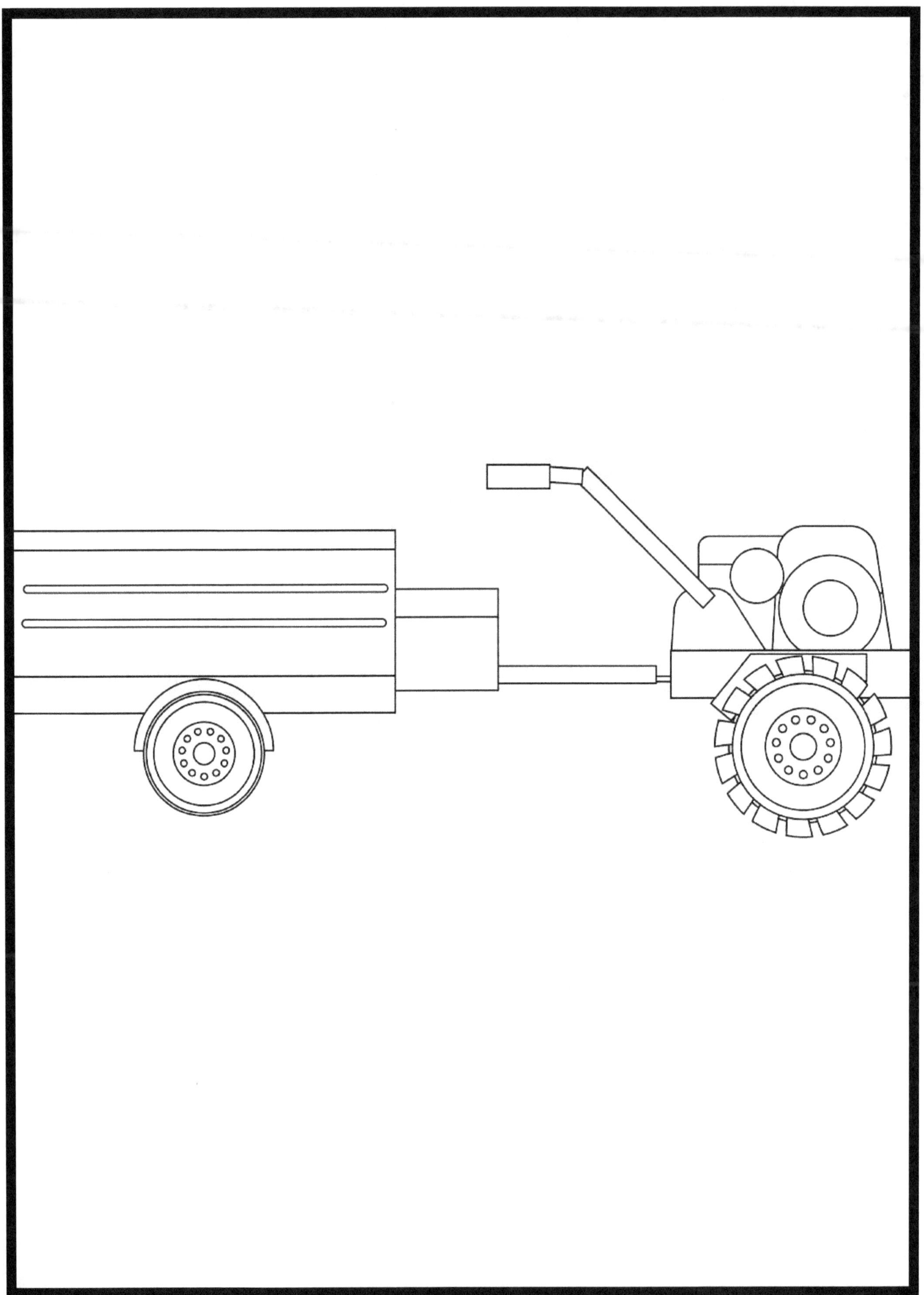

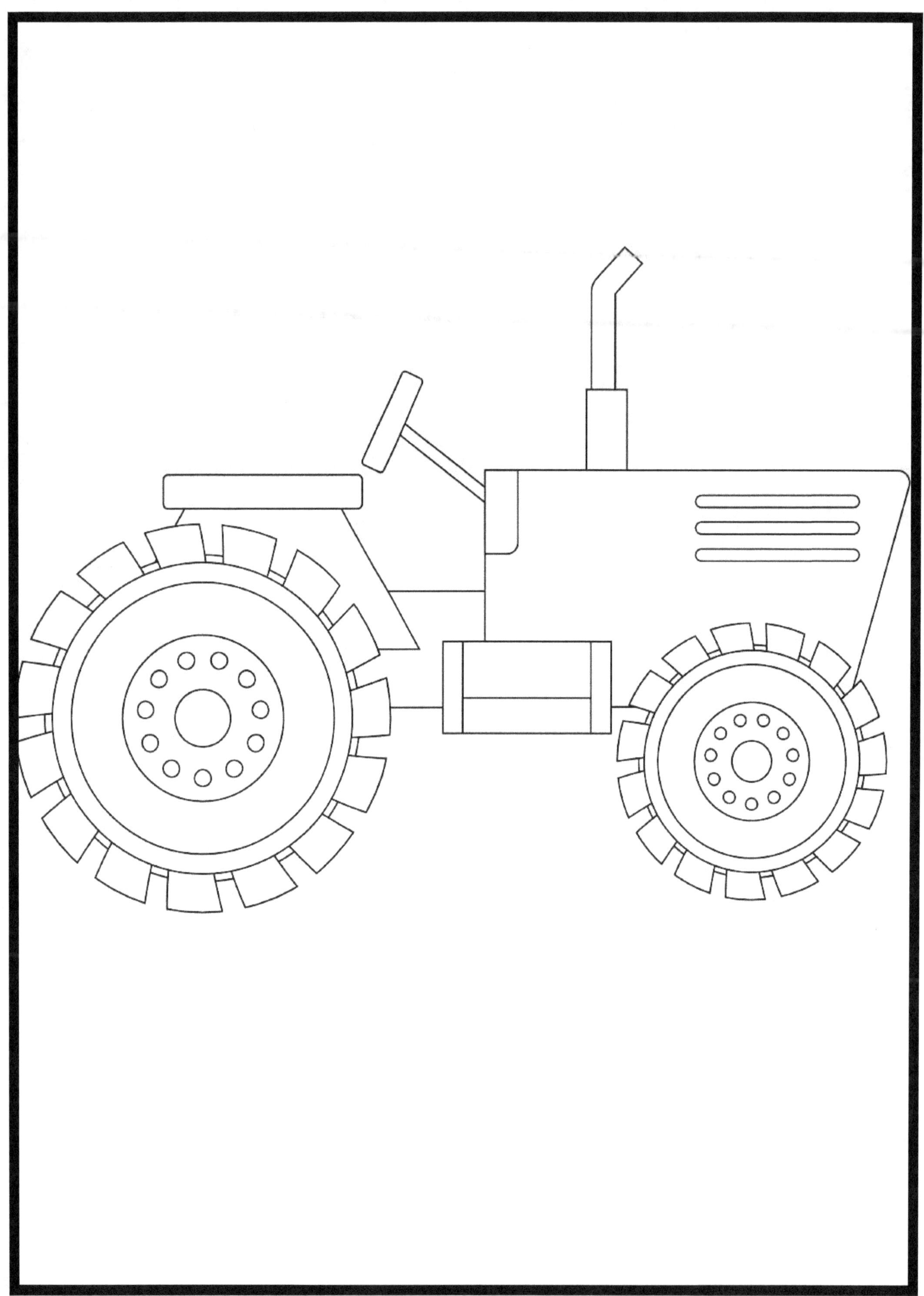

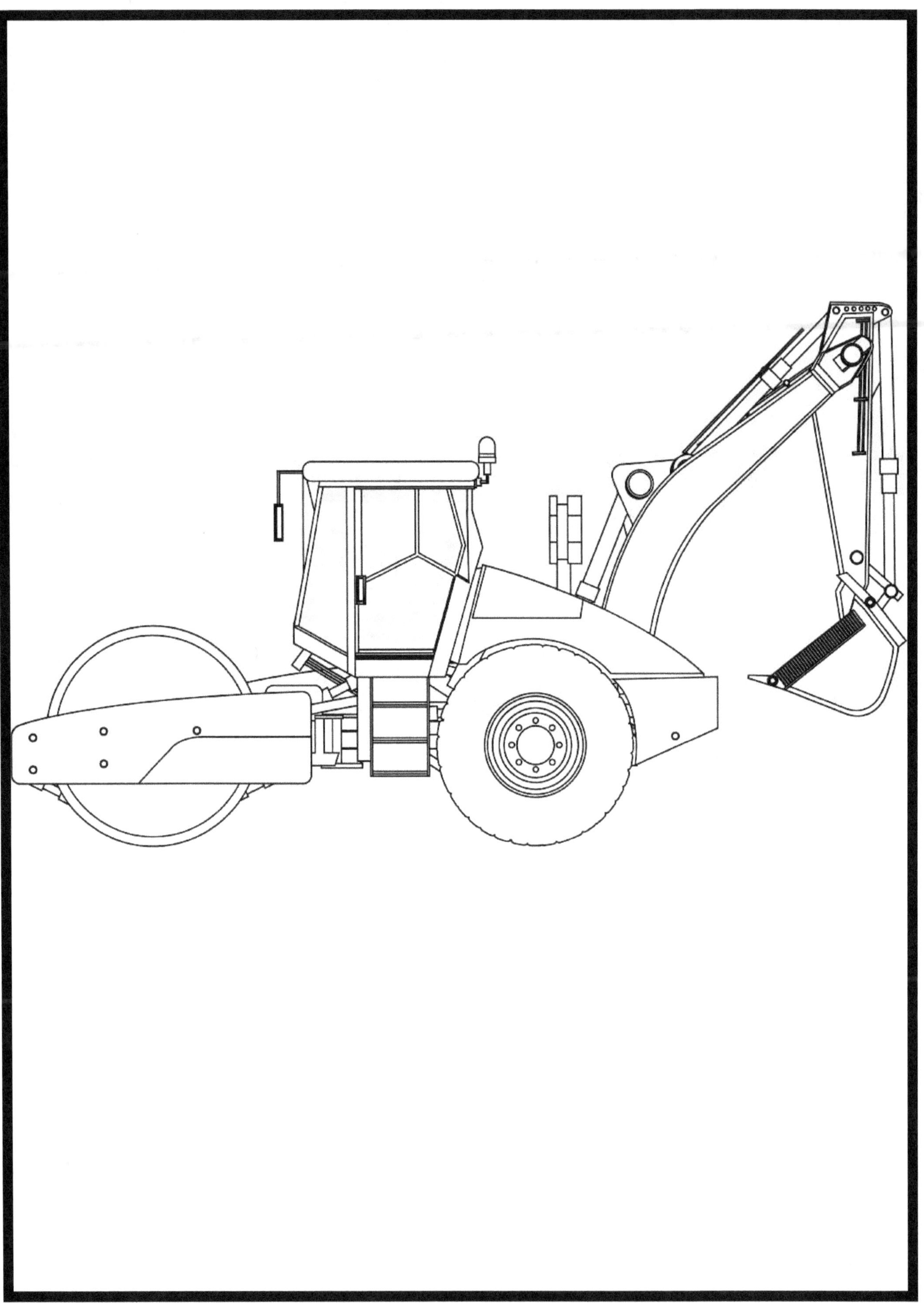

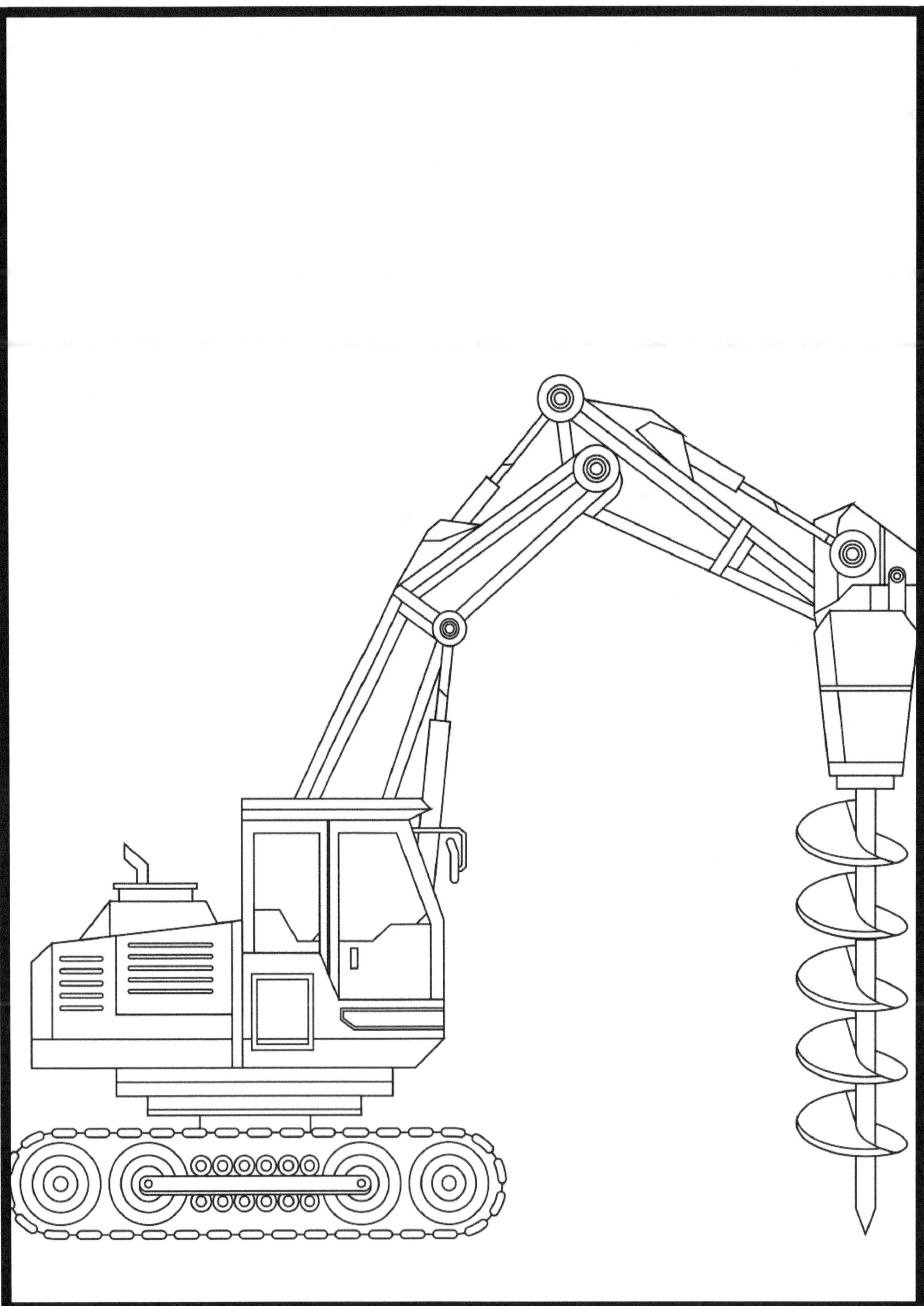

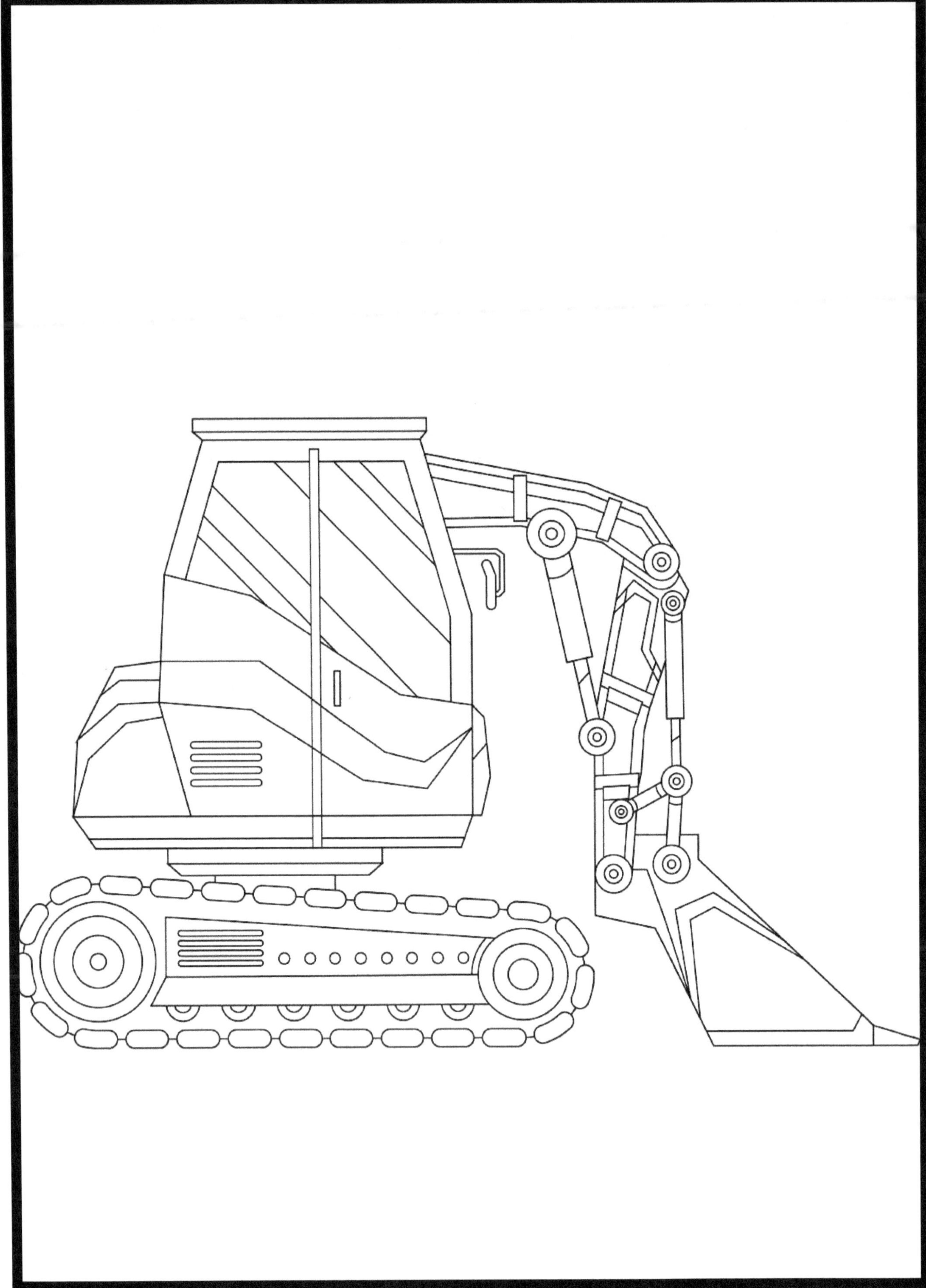